JN411103

갈매기 학습법

엄정숙 시집

문학의전당 시인선
240

갈매기 학습법

엄정숙 시집

문학의전당

시인의 말

흩어진 시들을 모아 시집으로 묶어야겠다고 생각한 것은
순전히 어머니 때문이다.
어머니는 진즉 돌아가셨지만
나는 어머니의 부재를,
내 마음속은 물론 달력에도 표시해두지 않았다.

어머니는 오늘도 종로에 있는 오빠 약국에서
새벽같이 청소와 약품 정리를 마치고
방송통신대 운동장을 가로질러 이화동 집으로 가신다.
떨어진 나뭇잎 하나 함부로 밟지 않고
굽은 등으로 가신다.

세상에서 내가 제일 예쁘고 똑똑한 줄 아시는 눈먼 어머니께
가장 먼저 고해야 할 시집이다.

2016년 10월
엄정숙

차례

제2부

제3부

제4부

제1부

꽃씨우체국

벼르던 끝에
봄의 허락을 얻어 사설우체국을 냈다
그동안 너무 고마웠다고
그동안 너무 미안했다고
함께 울지 못했다고
편지나 전화를 하지 못한 마음 대신
꽃씨우체국을 열었다
햇볕은 소인을 찍느라 바쁘고
봄바람은 집배원을 자청해서
우편 행낭을 메고 갔다
가끔 가랑비가 가랑가랑 거들다 갔다
질편한 봄날, 나비 한 마리가
눈물자국에 발신인 이름이 지워진
소식 한 장을 들고
꽃씨우체국을 찾아왔다
팽목항에서 보낸 편지 같다
직성(直星)이 풀리지 않은 피도 소리도
동봉해서 보냈다

햇볕공작소

햇볕공작소에서는 벌레들도 밥벌이를 한다
나뭇잎 밥상보를 만들고
두레밥상 배고픈 시절을 사포질로 닦아낸다
성수기에 접어든 봄철에는 모조품이 더 눈부셔서
원단과 라벨은 진공의 씨줄과 날줄로 직조하고
핸드메이드를 고집하는 연금술사답게
주문받은 인테리어와 프린팅에
줄자나 접착제를 쓰지 않는다
꽃잎 판화에 별과 달의 주물을 부어
천장을 장식하고 밤하늘로 가는 계단은
뜨개질로 마무리한다
다른 별들을 사방탁자처럼 배치하는 솜씨는
누대에 걸쳐 채록한 휴식의 문장이다
여기와 저기의 경계가 없는 햇볕공작소는
열쇠와 문짝과 울타리를 만들지 않는다
마음을 걸어 잠그는 질료는
모자이크 처리를 해도 뒤틀리는 성질이 있다
그늘진 곳에서도 배달을 원하면

은색 페달은 지구의 자전 속도로 달려간다
햇볕공작소에는 하회탈처럼
이유 없이 웃는 얼굴을 한 외국인 노동자도 있다

외인출입금지

눈썹 위에 조그만 하늘
창도 없고 창틀도 없다
구름이 듬성듬성
공동묘지처럼 조용한 하늘에
자폐증을 앓는 새가 제 그림자를 가지고 논다
빛의 타래를 풀었다 감았다 하면서
스스로 문을 여닫는 새들은
집시의 필체로 글을 쓴다
부재중보다 더 할 말이 없는 날
전화는 끊고 적막은 체로 거른다
처음부터 내부만 있어서
날개를 달아보지 못한 슬픔은 슬픔이 아니다
고장 난 수도꼭지에서 떨어지는
물방울 소리가 항아리의 안팎을 인식할 뿐
소리를 따라 걸어 나오는
살진 거위는 본 적이 없다
어둠의 아가리와 밑바닥이
다시 만나는 클라인병* 안에서는

내가 나를 엿듣는
진부한 꽃들이 피어나지만
섶에 올라가 누에똥을 누는 이 집은
별지기가 그린 도형을 그대로 베낀 것이다
별들만 드나드는 창을 갖고 있다

---

*독일의 수학자 펠릭스 클라인의 이름을 따서 명명한, 뒤틀림을 위해 원통 표면의 두 끝을 반대방향으로 결합하여 얻는 위상공간.

여자를 펼치다

바다를 펼치다가 손을 베인다. 어제 베인 데를 오늘 또 베인다. 상처는 졸다가 놓친 한 줄 비문(秘文)이다. '바다를 썰어 드립니다' 는 숙자상회 간판에 추가로 붙은 로고다. 자투리 천에 쓴 글씨는 비가 오면 잘려나간 바다처럼 구겨진다. 그런 날은 뽕짝과 화투를 펼쳐 불쾌지수의 비늘을 걷어낸다. 주문받지 않은 회를 뜬다. 화투 아이콘이 일러준 오늘의 운세에 따라 도다리와 광어를 판가름한다. 시간마다 바뀌는 운세의 빛깔은 휴대용 티슈처럼 추억을 닮아 간다. 레깅스 바지보다 빡빡한 하루, 라면을 끓이거나 감자 칩을 씹으며 바다를 읽는다. 처음 대면한 바다는 수직이어서 지문을 스캔할 때마다 쓸데없는 바람이 불었다. 바다는 그녀가 정독한 단 한 권의 책, 결국 바다의 책사(策士)가 되었다. 그녀는 바다를 얇게 썰어 파도가 씹히지 않게 하는 일을 좋아하고, 무게를 따지는 사람들은 바다의 첫 페이지에서 길을 잃은 적이 있다. 한밤중, 그녀는 거래 장부를 펼쳐 숫자 대신 제문을 적는다. 아직 펼쳐보지 못한 야생구역의 물때썰때와 수평선을 자르지 않는 고집 센 감성은 줄돔 무늬 표시를 한다. 그녀의 책갈피는 늘 젖어 있어 펼칠 때마다 간간한 해조음이 입안에 철썩 달라붙는다. 그녀는 계절도 없이 산란하는 바다다.

갈매기 학습법

갈매기의 이름을 바닷가에 쓴다
호명하는 대로 일어서면
바다를 지키는 솟대 같다
종일 바다를 필사하고
발목이 닳도록 시를 쓴다
오늘은 그리스인 조르바를 읽고
먹지도 않고 스텝을 밟는다
앞으로도 뒤로도 갈 줄 아는 것은
손자의 병서를 먼저 읽어서다
꾸륵꾸륵 사람 꾸짖는 소리를 내는 것도
하루아침에 닦은 도가 아니다
캄캄하게 저물 일만 남은 나는
갈매기 앉은 자리에 앉아
미역귀보다 질긴 적막이나 던져준다
지뢰를 밟은 듯 갈매기 몇 마리가
허공 속으로 사라진다
멀리 보는 법을 익히는 갈매기를
나는 오래전에 어디서 읽은 적이 있다

바닷가의 집

어쩌다가 바닷가 빈집으로 이사를 했다
알고 보니 빈집이 아니라
벌써부터 바다가 살고 있었다
집을 지을 때 누군가가 베란다에 서서
꽝꽝 못을 박고 바다를 가둔 채
지붕을 얹어버렸나 보다
할 수 없이 나는 바다에 갇혀
하루 종일 바다와 함께 지낸다
아침마다
바다가 먼저 세수를 하고
바다가 먼저 거울을 닦는다
푸른 식탁 위에 아침 해를 올려놓고
가막섬 경도 소경도 불무섬
오래된 식구들을 불러 앉힌다
이 집에서 나보다 더 잘사는 바다는
흐린 날이면 온종일 자리에 앓아눕고
비가 오면 속으로 깊이깊이 울다가도
드센 바람이 불면 천길 벼랑 끝을 마다않고

달려가 섬들을 껴안는다
만신창이가 된 몸뚱이, 어머니처럼
제가 품고 사는 것들 하나도
다치지 않게 하는 바다는
아무리 바쁜 날에도
하루 두 번씩 집을 비우며
내게 마음 비우며 사는 법을
말없이 가르친다

까치 소리

섬에 와서야 섬이 떠난 것을 알았다
새로 지은 집들은 철제 대문을 달아
마당에는 계절을 묻지 않는 꽃이 피고
바다가 가르쳐준 말은 해초 냄새가 나서
아이들은 서울 말씨를 썼다
매축을 한 해변의 붓기가 빠지기도 전에
지도 속 해안선을 찢어버린 것이 마음에 걸려
포장이 잘된 골목에서 파도처럼 넘어지곤 했다
귀가 어두워진 바다에게
전화보다는 인편으로 작별의 편지를 보내고
옛길도 없는 민박집에서
나팔꽃을 앉혀놓고 아침밥을 먹었다
오래된 나무들은 눈치만 늘어
닭똥 냄새 나는 축사 쪽으로
고양이 울음 같은 관절염을 끌고 가고
나는 이명의 파도 소리를 스캔하다
적막을 깨는 데시벨의 안부 인사를 받았다
전신줄을 타고 앉아 바다와 섬을

지문이 닳도록 타전하는 까치들
용케 눌러앉은 섬의 피붙이들이
카랑카랑한 목소리로 묵정밭을 갈고 있었다

긴요한 아침

지구 한쪽에서 밤 인사를 하면
나는 알람시계로 아침을 맞받는다
자오선을 베고 누운 하루는 좌우대칭이다
아침 꽃을 저녁에 줍다*를 읽다 말고
어젯밤 볼모로 잡힌 꿈을 걱정한다
꿈을 열어줄 열쇠는 없다
꿈의 행방에 알리바이를 댈 수 없는 것은
아침이 있던 곳에 또다시 아침이 오기 때문이다
아–침 하고 입을 열었다 닫으면
양상추와 이슬의 조합된 맛이
모닝콜보다 싱그럽다
불면증에 시달린 사람들에게
아침은 징검다리 휴일처럼 시제가 막연하다
계단이 비상구가 된 것은
아침 이외에는 탑승금지인
단호한 승강기 탓이다
압력밥솥은 추를 밀어내며
타잔처럼 울부짖는다

나는 지구 다른 쪽에 아침을 타전하기 위해
바다로 가는 버스를 기다린다
은하수 혹은 은하철도 같은
은색 버스는 꼭 그 시간에 당도하리라
절실한 것은 때맞추어 오는 것이므로

* 루쉰의 산문집 제목.

오래된 계단

옛집 찾다 막다른 곳에서 만난
골목의 진술은 막힌 데가 많다

지문이 생기지 않은 가녀린 것들까지
뭐든 붙들고 올라갈 기세다
나팔꽃이나 담쟁이 말고도
무릎의 나이테로 걷는 계단
의자처럼 당겨 앉으면
등뼈의 속도로 쑥쑥 키가 자란다

계단보다 가파른 터울로
계단식 논을 경작하다 계단식 공원묘지로 간
두부장수 할아버지 오체투지의 자취를
나는 너무 늦게 와서 알아본다

계단은 위로 가는 길이 아니라
단을 세워 위를 받드는
돌로 쓴 제문

오래된 문장을 오래 읽는다
오래된 벽에 헌 옷을 걸듯
고개를 젖히고 계단의 정상을 올려다본다

옛집 찾다 다다른 오래된 저녁이
우주의 사다리처럼 걸려 있다

겉멋

두 시간이면
신데렐라가 될 나를 위해
거울이 부풀도록 멋을 내고
외출을 하는데
아무도 쳐다보지 않는
무례한 오후
아무렇지도 않게 가슴을 펴고
에스프레소 커피를 마시고
저녁노을을 카펫처럼
밟으며 돌아온 적이 있다

TV에서는 핵전쟁 얘기를 했다

가뭄

달빛을 길어 항아리를 채웠다

일기에다 내일은 비라고 썼다, 스무 살이었다

보름달을 누런 흙바람이 찢어놓고 갔다

샘 밑바닥에 달빛이 진물처럼 번들거렸다

두레박을 내려 또 한 항아리 달빛을 채웠다

언니는 해산을 하고 피 묻은 빨래가 쌓여갔다

그날도 일기에다 내일은 비라고 썼다

뒷산에서 소쩍새 울음이 비듬처럼 떨어져 내렸다

장독대 그늘에서 봉선화가 그걸 다 지켜보고 있었다

개미에 관한 보고서

임대아파트 반지하에 사는 개미들이
죽은 사마귀를 끌고 간다
트랙을 관통하는 하이웨이 속도를 감추고
발과 발의 연결로 치밀하게 계산된
일사불란한, 한결같은 보폭이다
가본 길과 가보지 않은 길 사이에서
머뭇거리다 자주 되돌아온 길
반복의 길을 군침을 흘리며 간다
암기하는 길마다 좌표를 만들고
땅굴과 터널로 영토를 확장하는
풍화되지 않은 문명
필시 빙하기를 기억하는 종족이다
주술도 없고 종교도 없어
불러들일 것은 동족의 허기뿐
하루의 중심이 지하로 쓸려 내려가고
지상의 대척점 어디쯤에서
방문 여닫는 소리가 층간을 기어오른다
땅거미가 져야만 어둠을 알아채는

아파트 주민들이 개미집 퇴치를 위해
다급하게 반상회를 여는 저녁
동네 별들은 동분서주,
개미의 연대기를 다시 쓴다

빈집의 습관

살아본 몸이 빈집의 내력이다
혼자 밥을 먹고 혼자 저무는 집
반복의 기침 반복의 아침과 저녁
허구의 나무로 서 있는 내일은 집 밖의 날짜여서
다가가면 뒤로 물러서는 버릇이 있다
옷장 속에는 우화(羽化)하지 못한
눈썰미 없는 옷 몇 벌뿐이다
녹슨 열쇠는 헐겁거나 빡빡해서
접이식 의자처럼 할 말이 없다
기본요금은 빈집의 표정
빈둥거리는 전화기는 그대로 둔다
날이 갈수록 혼잣말이 는다
혼잣말은 공명(共鳴)이 커서
천장과 벽에 빈말의 포자로 떠돈다
떠도는 것들은 빈집의 은하계다
침묵을 발음할 때마다 재채기와 딸꾹질을
닮아가는 빈집의 체질
나는 눅눅한 먼지 속의 십 원짜리 동전처럼

진공청소기 속으로 빨려 들어가고
변기 속으로 쓸려 나가기도 한다
나는 가장 오래된 빈집의 습관이다

허물에 대한 변명

허물 숨길 곳이 없다
다른 혹성에 태어난다면
허물 같은 건
스파게티 소스에 슬쩍 넣어버려도
텔레파시 광선에 묻혀
장밋빛으로 빛나지 않을까
눈을 감으면 내 허물이 보이고
눈을 뜨면 남의 허물이 보이는
천적도 없는 허물
허물없이 웃는 것은 자가당착이지만
무지개를 필사하는 것은 오류가 아니다
가릴수록 드러나는 뻐드렁니 같은,
서정적인 표정은 차라리
심장 속에 갇힌 뜨거운 눈물샘이다
상처투성이 살점과 불구를 감싸주는 깁스붕대다
증오와 연민을 배춧잎처럼 사각사각 갉아먹으며
나는 당분간 착한 E.T. 같은 배역을
감당할 수밖에 없다

계절이 몇 번 허물을 벗고 꽃들이 다녀가도
나는 허구의 시를 쓰는 허물로
천둥번개를 견디는 중이다

기차와 흰 당나귀

눈 맞으며 서울 가는 길
기차는 흰 당나귀다
가난한 시인이 사랑하는 나타샤*와
산골로 가고 싶은 밤이
몇 번 다녀간 새벽이다
눈빛[雪色]은 눈빛 맑은 사람을 기다리며
지나온 길과 추억의 간이역을 밝힌다
아침은 아직 멀고
기차는 더딜수록 눈이 많이 쌓인다
흰 당나귀의 마음으로 걸어가는
고요 너머의 땅은
오늘 생긴 새 별자리다
기차를 본 적 없는 아이들이
당나귀의 울음소리는 알아듣고
강중강중 뛰쳐나올 것만 같다
도중에서 내릴 역을 찾지만
빙하기의 마을에는 기차가 서지 않는다

---

* 백석의 시 「나와 나타샤와 흰 당나귀」에서 인용.

제2부

어느 버킷리스트

우리 아파트 입구 구석진 데
늙고 볼품없는
매화나무 한 그루 있는데요
일월과 삼월 사이에 숨어서
없는 달처럼 지나가는 이월,
그것도 초순에
꽃을 피워놓고 있는데요
보일러를 틀지 않아도 따뜻한
꽃의 슬하
봄의 선이자를 받은 것처럼
미안하고 오달진데요

—봄보다 먼저 꽃피우기

단 한 줄뿐인 버킷리스트
사람의 생각으로는
백 가지 복록보다 더 벅찬 일이지요

아침의 귀가

늦게 귀가하는 아침은 없다
나는 아침의 새로운 귀가를 편집하고
반복의 권두사는 불안정한 의식이므로
삭제해도 먼동이 튼다
어둠 속에서 분리된 선명한 것들은
아침의 목록에 유리컵처럼 반짝인다
새들의 지저귐은 고딕체의 꾸밈없는 글꼴
풀잎의 이슬은 맑은 샘물체로도
영롱한 빛을 다 담을 수가 없다
부엌은 항해사의 캐릭터를 닮아
로마숫자 원형시계를 자주 본다
프라이팬에서 계란노른자가
해처럼 부풀기 시작하고
양상추와 시금치는 물기가 많아
오자 아니면 탈자투성이다
문맥을 놓친 양치질과 세수를 마치면
거울 속 아침은 휘발성의 문체
흐린 날을 위해

햇살 이미지는 비고란에 표시한다
아침은 나이가 들지 않아
식탁의 높이는 어제 그대로지만
밥상은 친환경 레이아웃 디자인
늦거나 아예 못 오는 아침을 위해
여벌의 의자를 비워둔다

소금의 시

어머니는 소금 꿈을 꾸고
나를 낳으셨다
세상 어느 구석에서도
소금이 되어본 적 없는 나는
소금이 걸어온 길에 서서
바다로 걸어간 어머니의 눈물을
저녁별 뜰 때까지 바라본다

이 바닷가에 오면
누구든 소금이 되고 싶다
누군가를 위해 한 번쯤 울어본 사람은
몸에 소금이 자라고 있다
꽃도 양파도 한 편의 시도
눈물 없이는 피어나지 않는다
짜지도 달지도 않은 시는
소금으로 담근 시가 아니다

눈물의 기억이 빠져나간 자리에서

햇볕과 바람으로 증발된 시간과
바다의 갈증이 만나 잉태된 천일염
단단한 고요의 시를 얻으려면
나는 무거운 개펄을 끌고
개펄보다 더 캄캄한 길을 가야 한다

바다 레일바이크

예정된 시각에 바다가 바퀴를 달았네. 완충 스프링으로 파도를 끼워 넣고 곡선레일의 등뼈에 바람의 원심력을 장착했네. 바다 향기는 서핑보드에서 갈아탄 첫 번째 환승객이네. 지난해 수영복 자국이 있는 여자를 유혹하는 바다, 나는 바다의 다이얼을 추억처럼 돌리네. 끝없이 울리는 벨소리, 부재도 바다의 소식이어서 소중히 귀 기울이네. 바다의 템포에 맞는 날은 늘 어제뿐이어서 나는 시제를 생략한 채 레일바이크를 타고 말았네. 물살의 도움 없이 잘도 굴러가는 레일바이크, 바퀴는 준마처럼 속도를 사랑하고 나는 바다의 몸 바꾸는 시간을 따라잡지 못하네. 모서리가 없는 바다를 릴레이 하는 것은 난이도가 낮은 종목. 페달을 밟지 않고 신바람으로 달리네. 나는 지구의 가장자리를 꼭 붙들고 젊은 동백 숲을 빠져나가네.

고요의 뒤편

어제 배달된 시집을 고요의 뒤편에 꽂아 둔다
잃어버린 시간을 쪼아대는 도도새의 문장은
고요 이전의 고요 속에서 화석의 연대기를 쓰고 있다
발효의 시간과 유예의 삶이 모의를 하느라 길어지는 밤
야광시계 같은 전광판이 25시 편의점과 찜질방을
도시의 인질로 잡고 있다
발가락이 잘린 고요 속에서
씻어도 지워지지 않는 놋요강 냄새가 난다
새벽의 아웃사이더 밤 고양이가 킁킁거리다 간 자리다
치매의 외할머니가 통점(痛點)을 잃던 자리다
열쇠를 쥐고 문밖에 서 있는 황망한 나의 부재
분실물 같은 고요의 뒤편에는 플러그를 꽂지 않는다

봄비

가창력이 시원찮은 어린 나를 데리고
외숙모가 고구마 모종을 심던
손바닥만 한 밭뙈기에
봄이 불시착한 것은 순전히 봄비 때문이다
그렇지 않았다면 잘 썩은 흙들이
발효의 꼭짓점에서 폭삭 늙어버렸을 것이다

봄의 건달처럼
꽃나무 그림자도 밟지 못하게 겁을 주던
미친년 옥실이,
옥실이 속에 든 귀신을 잡겠다고
복숭아 회초리를 들고 온 애기무당 몰래
시의 유전자를 반납하고
이랑과 고랑 사이에 봄의 블랙박스를
묻어버린 것은 잘한 일이었다

수십 년 지나 그날처럼 봄비 내리고
썩은 내 가슴속에

무슨 할 말이 남았는지
말과 노래의 경계쯤 되는 랩 같은,
나도 처음 듣는 언사가 술술 새어나온다

폐가

유령이 사는 집이라면
권태의 빛깔이 저리 맑지는 않을 것이다

거미는 여러 채의 집을 짓고도
바깥 잠을 자는지 기척이 없다
살아있는 것들이 더 수상한 집
헛것 아닌 것은 적막뿐이다
적막을 깔고 앉아 곱게도 늙은 호박
헛것처럼 섬뜩하다
폐가의 정기가 또록또록 박힌 돌담
달 쪼가리 흩어진 쪽파의 식사
뼈가 없어 씹는 소리가 없어
떡처럼 가을처럼 조용한,
우리 이모가 후실로 살다 죽은 집
정실 앞으로 간 아들이 해거리 꽃처럼
찾던 날이 있었다고 한다

쪽잠에도 식은땀이 흐르던 날

마파람이 실어온 아들의 부음에
모시조개처럼 입을 다물어버린
육탈의 예도 갖추지 못한 폐가 한 채

어느 봄날의 삽화

어시장 문 닫는 날
관광버스 문 앞에서
중년도 같고 노년도 같은
여자들 몇 명 수다를 떨고 있다
오랜만에 화장을 하고 파마를 했다
그중 세 사람은 눈썹문신을 했다
서로 쳐다보며 징그럽다고
눈썹을 찌푸리며 웃는다
버스기사가 운전대를 잡으며
빨리 안 타면 봄만 태우고 간다고
향기 나는 으름장을 놓는다
화들짝 놀랜 자벌레 세 마리
봄을 제치고 부리나케 버스에 오른다
무색한 봄이 얼굴을 붉힌다
자벌레 세 마리가 유리창에 착 달라붙어
봄날의 길이를 재고 있다

아찔한 햇살

넘너리 할매가
뱃일 거들고 남은 부스러기를
머리에 한 짐
손에 한 보따리
남은 손은 바퀴 달린 짐차를 끌고 간다
짐이 이마까지 내려와
바닥만 보고 간다
넘너리 개펄에서 칠게 몇 마리가
해 지는 시간을 발발거리며 기어간다
서산을 넘으려면 소호바다까지
단숨에 가야 하는 해님이
못 볼 것을 본 듯
남은 햇살을 탈탈 털어
바닷가에 흩뿌려놓고 간
황당한 노을빛 속에
나도 있었고
맨손을 잎 뒤로 휘젓고 가는
동네 사람도 몇은 더 있었다

민박집 봄

선암사 보살수계식 있던 날
빈 민박집 마당 가득
수달 장자처럼 오래된 목련나무 한 그루
품팔이로 얻은 쌀 서 말로 지은 밥
한 그릇은 아나율의 발우에 담고
수보리 가섭, 목련존자의 사리들처럼
배터지게 먹고도 남아
새들이 조계산 너머까지 휘파람을 부네요
보살수계 받겠다고 종종걸음 쳐보지만
마음 따라 가는 길이 더 멀어
아직은 절 밖을 서성이는 예비 보살님들
골짜기 물소리까지 서늘하게 속이고
봄빛 따라 나오신 부처님 옷자락 보지 못했나요
민박집 마당에 야단법석 열어놓고
극락정토가 어딘지 말씀도 없이
쌀밥 한 그릇 후딱 비우시곤 어디로 가셨나요
깨끗한 구름들이 수틀처럼
마당귀를 팽팽하게 붙들고 있는 봄날

다 늙은 목련나무 한 그루
할 일도 없으신지 종일 밥만 퍼 올리고 계시네요

입하(立夏)

이팝나무 아래 평상을 놓고
산중에는 귀한 삼치 한 마리
회를 뜨고 매운탕도 끓인다
냇물 옆 친구 집은 절하고 가까워서
동갑내기 스님은 햇차를 덖어 온다
이팝나무 꽃향기도
밥 뜸 들이는 시간을 거들다 간다

발목만 담그고 햇차를 마신다
냇물을 버리고 멀리는 못 간
피라미 버들치 다슬기는
이팝나무 꽃숭어리 안에 들어
칭얼칭얼 배고픈 시늉을 한다
엎지른 밥알까지 냇물이 온통 희다

들에서 염소를 데려오는 저녁
오기 전에 비가 올 것 같아
밭도 없고 풀 맬 일도 없는데

소나기처럼 후다닥 평상을 치운다
참외 모종처럼 비를 기다린다

무당벌레

겨울 떠난 자리에도
아직 온기가 남아 있나보다
무당벌레 한 마리
가파른 강아지풀 줄기를 타고 있다
작둣날 위에서 춤을 추듯 위태롭다
위태롭지 않은 생이 어디 있으랴

오르락내리락 숨 가쁜 무당벌레 행보에
강아지풀 줄기도 신명이 집혔는지
실핏줄이 뜨겁게 달아오른다
겨우내 뒤틀렸던 마른 풀뿌리
꿈틀 돌아눕는 소리에
앞산 뒷산이 두근거리며 내다본다

무당벌레 한 마리
봄의 롤러코스트 타고
온 산을 감았다 폈다 하는
아찔한 봄날이다

민달팽이의 봄날

안개 자욱한 봄날 아침
민달팽이 한 마리
내가 사는 아파트 십층까지
무슨 생각으로 올라왔을까
집도 없고 뼈대도 없는 종족이라
육탈 걱정 없이 생의 좌표를
십진법에서 멈춘 모양이다
유리창을 화선지로 알았는지
한일자 한 획을 유서처럼 써놓고
축수하듯 촉수를 뻗어
하늘을 향해 부동자세로 있더니
말릴 틈도 없이 단숨에 뛰어내린다
높낮이가 없는 적막 한 장
민달팽이의 일생은 오리무중이다
나는 돌이킬 수 없는 목격자로 남아
증언할 수 있는 흔적을 지우느라
끈적이는 유리창에 악착같이 붙어 있다
봄날 가는 것은 안중에도 없이

골목이 사라지다

더 이상 밀려날 곳이 없었다
찌그러진 양은냄비처럼 요철이 심해
나팔꽃과 담쟁이는 평발로
간신히 생의 균형을 잡고 일어섰다
아군과 적군이 수시로 바뀌고
날마다 무지갯빛 결혼식을 하는
헛배 부른 아이들에게
출구도 입구도 아닌 골목은 대평원이었다
한쪽 귀가 닫힌 꽃들은 문맹의 빛깔
막다른 곳에 와서야 향기를 내어주고
토방에서 닭똥을 주워 먹는 아이는 잘도 컸다
오래된 아코디언 닮아
음정이 고르지 못한 날들이 태반이지만
저녁 무렵 한때만은 잊었던 족보를 찾은 듯
어른들은 아이들 이름을 부르고
아이들은 요요처럼 튕기어 나가고
철 늦게 돌아온 철새 같은 아이들은
말꿈을 꾸느라 관절이 늘어났다

세상의 중심에서 혹은 변방에서
부동자세를 풀지 못하는
저장할 수 없는 풍경들
빠져나오는 날도 계절풍이 불었다

결국

어머니의 생애 중
가장 아픈 대목에 표를 하듯
시 한 편 썼다
자작나무 살빛을 하고 돌아가신 뒤
슬픔의 무게나 덜어보려고
별 효험이 없을 줄 알고도
구차한 시를 또 썼다

내 마음속에는
지금도 어머니가 살아 계시는지
꿈에서는 가끔 웃는 얼굴을 보여주시는데
문득 내가 쓴 오래된 시를 보고
어머니의 부재가 너무 확실해졌다

그놈의 시 때문에
우주가 텅 빈 것 같아
고심해서 쓴 시 두 편을
결국 오늘 버렸다

제3부

배꼽인사

일 나간 엄마 대신 할머니 손에서 크는 윤정이가 우리 집에 왔다 두 손을 가지런히 포개어 배꼽 위에 얹고 인사를 했다 몸을 반으로 접었다 펴는 것이 아침 나팔꽃처럼 조용했다 네 살짜리 아이의 분량만큼 시간을 참아주던 윤정이가 할머니의 손을 끌고 가자는 시늉을 했다 애틋하기도 해서 빠이빠이 어설픈 손짓을 하는데 아이는 열 달 동안 제 입이었던 배꼽에 두 손을 모아 허리를 굽혔다 낯선 경전 앞에 서듯 나도 뱃살에 가려진 배꼽 근처를 더듬어 허리를 굽혔다 저 참빗 같은 배꼽인사만 제대로 해도 세상에 진 빚이 좀 감해질 것도 같다

석양

가을이 제대로 들어앉은
화양면 이천 마을
대추만 익어가고 인기척이 없다
나는 텅 빈 경로당 마당에서
뉘엿뉘엿 지는 해나 보며
시내로 가는 버스를 기다린다

들일 마치고 돌아온 경운기 한 대
엔진이 신경질처럼 꺼지고
아들인 듯싶은 남자는 연장만 들고 간다
경운기 적재함 안에
늙은 호박처럼 앉았던 할머니
안절부절못하고
서슴서슴 내려올 방편을 찾고 있다

버스는 오지 않고
할 일 없는 내가 부축을 해서
탈 없이 내려 드렸다

두 발이 땅에 닿기가 무섭게
플라스틱 대야에 담긴 단감 중에서
제일 크고 잘 익은 놈 두 개를
내 손에 쥐어준다
딱 두 음절의 인사말
지는 해보다 적막하다

오동도

이른 봄날이면
감감 무소식의 사람들이 관제엽서처럼 날아드는 곳
뱃길 말고는 이정표가 없는
종착역을 빠져나오면
스치는 사람마다 동백꽃으로 피어나는 섬이 있다
풀꽃들이 가르마길 내어주고
돌계단이 꽃방석 펼쳐주는
이승의 십승지지(十勝之地)
지난봄 다녀갔던 사람들은
꺼지지 않는 가슴속 불씨 품고 다시 찾아와
동백나무 한 채씩 거느리고
자벌레처럼 움츠렸다 폈다 하는 파도를 탄다
먼 길 돌아와
더 이상 탕진할 것도 없는 나는
동박새 놀다 간 동백나무 가지 끝에
탁본한 생을 조등으로 걸어놓고
매기지 못하는 선소리 한마당
동박새 울음으로 풀어놓는다

다급한 봄날 가는 기척에
동백꽃 몇 송이 더 벌어지고
화약처럼 번지는 꽃불더미
창해 온 남쪽 바다가 펄펄 끓어 넘친다

와온벌

죽림 지나 상봉길 가다 보면
뻘 냄새 자욱한 와온이 있다
집들은 비어 있고
철새 몇 마리 발목이 붓도록
불립문자를 찍고 가는 개펄에서
오늘은 누군가가 열심히 엎드려
물살의 주파수를 읽고 있다
나는 뻑적지근한 생을 끌고
해오라기 절하듯 꾸벅꾸벅 진펄을 간다
알타미라 들소 같은 힘찬 낙지발과
심해성충 어딘가에
고향을 묻고 온 참고막
온 동네 기쁨과 슬픔을 거뜬히 먹여 살린다는
소문이 세상 어디보다 따뜻해서
나는 개펄의 일부가 되는 줄도 까맣게 잊는다
문득 먼 바다
소리의 통로로 봄물 들치는 시간
검은 짱뚱어 한 마리 봄날을 솟구쳐 오르고

흠도 결도 없이 펼쳐진 낙조 한 필
와온 개펄과 동네 하나를 온통
미다스의 황금으로 채워놓는다
바야흐로 밀대 가득 생생한 목숨들
원색 춤 추면서 돌아오는 길
밀물이 오늘밤의 혼례객을 이끌고
와온벌 초입을 들어선다

聖 명자나무

문 닫은 시골 주유소
옆집도 비어 있다
녹슨 자물통 채워진 집 앞에
명자나무 한 그루
호렙산* 떨기나무 불꽃같다
적막도 뜨거워 증발 직전이다
달리던 차들이 섰다 가며
빈말처럼 사진 몇 컷 찍고 간다
마음에 화상을 입고도
가다가 다시 와서 찍는다
꽃나무가 하는 말은 하나도 알아듣지 못하고
벌처럼 입을 벌려보고 냄새를 맡고
꽃나무를 잘 아는 것처럼 고개를 끄덕이고
빈집을 들여다보고
땅값을 물어보고
치사량의 독을 마신 듯
봄날처럼 휘청거리며 사라진다

너무 뜨거워서 새들도 앉지 못하는
불길에 타지도 않는 명자나무 한 그루
지금 빈혈의 동네 하나를 살려보려고
살신성인, 봄을 수혈하고 계신다

---

*호렙산: 성경 출애굽기 3장에 나오는 하나님의 산.

목련꽃 그늘

학처럼 살던 분이 세상을 떴나보다
이런 천국 같은 날씨에

겨우내 허리 다쳐
운신도 못하던 목련나무 한 그루
무슨 기운 뻗혀
저리 환한 꽃상여 한 채 지어놓았나
가지마다 두 손 모아
저 많은 꽃들 떠받들고 있다니

풀 먹여 다린 광목처럼
눈부신 생 살다 간 이여
아무도 울지 않는 봄날의 호상
개나리 진달래는 여린 손 뻗어
만장을 펄럭이고
새소리 바람 소리 남도의 소리꾼들
황홀한 상엿길 앞장서 간다

목련꽃 그늘 속으로 걸어 들어가면
주인 잃은 흰 고무신 한 벌
일생의 무게만큼 가벼운 꽃상여
밀어 올리는 것 보인다

옆집

땅거미가 지면
나를 찾는 어머니 목소리가
옆집에서 옆집으로
밥 냄새처럼 번지고 있었지

어머니의 채근을 피해
도망을 가면
옆집 부엌은 빗장을 풀고
암탉처럼 나를 품어주었지

생애 처음
가출을 하고 달려간
가장 멀고도 따뜻한 나라였지

소리를 전시하다

봄의 입구, 꽃이 열리는 소리 크다
나는 난청이어서
두고 온 계절의 안부만 궁금하다
빛깔보다 소리가 먼저 꽃을 피우는 것은
소리의 나이테 때문이다
문명 저쪽의 말씀이 채록된
나이테의 무늬에서는
사해의 동굴 냄새가 난다
꽃은 동굴에서 발아한 싹이
웅장한 족적으로 피워낸 신호등 같은 기호다
소리와 소리를 잇는 전달체계다
나는 오늘 소리를 전시한다는 소식을 듣고
언 발을 끌고 간신히 겨울을 빠져나왔다
봄의 징후를 필력으로 쓸 수 없어
소리의 통로를 더듬어 왔다
아무도 짓밟을 수 없는 봄의 음역에서
말씀의 꽃 한 송이 핀다
시방세계의 꽃들 덩달아 핀다

옛집 소묘
—아기 보는 소녀*

아무도 없는 저녁이 무서워
어린 나는 막내 동생을 업고
동네 어귀 돌벅수 곁에서
큰집 제사에 간 어머니를 기다렸다
방앗간 녹슨 양철 문마저 닫히고 나면
집으로 가는 길은 물속처럼 캄캄하고
개 짖는 소리가 여우 울음처럼 멀었다
목장승처럼 눈을 크게 뜨고
칭얼대는 동생의 작은 엉덩이를
토닥토닥 두드리면
신기하게도 어둠까지 순해져
반딧불이도 도깨비도
애기무당집 대나무 그림자도
얼씬거리지 못했다
크지도 않고 철이 든 나를
수십 년이 지난 요즘
유명 화가의 그림 속에서 본다
보이지 않은 배경 속에는

세상을 떠난 부모님과 큰 오빠의 얼굴과
남은 식구들은 잘살고 있다는 안부 편지가
어스름 저녁처럼 희미하게 들어 있다

---

*박수근 화가의 대표적 인물화.

가을 즉흥

도요새 뜨고 난 빈자리를
세마치 징소리가 휘감고 간다
시끄러운 선풍기 앞에서
토박이 열무국수 한 그릇만 비워도
남도 한량 같은 참매미 소리에
새타령 까투리 타령 육자배기 꼬투리
다 들린다
삼한 적이나 지금이나
인분비료 냄새처럼 만만한 어투
이미 들판에 엎질러진 가을이다
청태콩에 맛들인 노루 발자국도
가락을 타고 다닌 흔적이다
한번 다녀가라는 말도 없는데
무슨 병이라도 얻은 듯
기별도 없이 궁리도 없이
방아깨비처럼 뛰어든 가을 한복판
지도에는 없는 골짝을 훌쩍이는
산새 소리도 전라도 음색이다

작은 나라에 가을이 차지한 땅이
너무 크다

소문

때로 복제된 풍문이 더 고요하다
불확실성의 며칠 동안
누군가 내 말을 하고 있는 것처럼
자꾸 귀가 가렵다

어떤 기도

어떤 모임 마치고 돌아가는 길에

방향이 같은 회원 한 분을 내 차에 태웠다

차에 오르자마자 기도를 하기에

시동을 걸지 않고 기다렸다

차로 몇 걸음 아닌 곳에서 내릴 텐데

더 길어지면 어쩌나 하다가

아아, 내가 가는 길까지

하나님께 부탁을 드리는구나 싶어

나도 엔진도 가만히 있었다

와온(臥溫)*에 가고 싶다

그곳에 가면 바람의 말투도 곡선이다
그 에스라인 잘만 따라가면
코카콜라 병처럼 허리가 짤쏙하고
엉덩이가 예쁜 여자 같은 개펄이 누워 있다
풍경을 앞지르는 발 빠른 달님도
자칫 개펄에 빠지면 얼룩진 문장으로
말문을 닫아 달빛인지 담즙인지
짱뚱어도 뻘게도 노리끼리하다
투아웃 만루 홈런을 치는 노을은
역신(疫神)의 붉은 가면을 쓴 채
개펄의 달큼한 맛에 취해 자빠지고
나는 망연자실한 서사의 한 컷을
처용의 춤과 노래가 망해사로 간 까닭 대신
일목요연하게 진술해야 한다
늙을 줄 모르는 여자의 몸은
천 개의 악기여서 악보 없이도
질펀한 시나위를 뽑아 올린다
비릿한 가락 그렁그렁 물기까지 머금으면

인근 바다가 찌렁찌렁 발기하는 통에
개펄 안팎에 온통 씨 다른 목숨들이
빨빨거리고 다니는 와온
오늘 누가 또 다산(多産)의 여자 앞에서
급제동을 거나 보다
정지선이 뜨겁다

---

*순천시 해룡면 상내리의 갯벌 마을.

실마리를 풀다
—강원도 가는 길

이른 아침
용산역 대합실에 무작정 서 있어도
단박에 만나는 핏줄
어릴 적 치맛단에 달라붙어
아무리 떼어내도 따라오던
도꼬마리 씨앗 같은 내 동생
부부동반으로 강원도를 간다
정선도 좋고 영월도 좋다
실몽당이처럼 한데 엉켜 가는 길
홍역을 치르던 동생의 열꽃이랑
어떤 작은 거짓말도 할 수 없었던
해맑은 하늘도 함께 간다
좀도둑이 다녀간 한가윗날
꽃무늬 원피스를 다시 만들던
어머니의 다급한 재봉틀 소리
달달거리던 첫새벽도 태우고 간다
기억의 서열대로 고분고분 풀리는 길
내비게이션보다 환하다

목적지까지 거반 왔다는데
길이 타래실처럼 남아 있는 첩첩산중이다

자화상

내 안에는 어린아이가 산다
스무 살의 광기와 서른 살의 절망을
마마자국처럼 달고
청춘의 푸른 링 위에서
한 번도 주먹을 휘둘러 본 일도 없이
온몸에 멍이 든 아이
몸통보다 머리가 커서 일찍 늙어버린 아이
자유와 웃음을 사기 위해
극적인 언사와 철학적 문장을 도용한다
심장의 알레그로에 귀를 기울이고
끝없는 진화를 꿈꾼다
찰리 채플린의 〈모던 타임스〉* 명장면을
리메이크한 나의 연기는 상당히 성공적이지만
나를 잃어버린 날에는
하필, 비가 내렸다
라면을 먹으며 연속극을 본다
타인의 생을 훔친 이야기가 더 재미있다
나는 더 이상 재미있는 삶이 재미가 없어

마감뉴스 같은 시들한 시를 써본다
거울 속에서 나 또래의 낯선 아이가
그 시를 왼손으로 받아 적는다

---

*찰리 채플린의 영화 중 하나로 현대사회의 반복되고 반복되는 톱니바퀴식 일상을 풍자하고 있다.

겨울 표정

한란계가 숨을 고르느라
잠시 한눈을 파는 사이
개나리 마른 가지 끝에서
노란 꽃 두 송이가 피어버렸다

추운 겨울날 가출한 소녀들
혼자가 아니어서 다행이다

제4부

비의 발묵법(潑墨法)

비는, 카스피 해의 작은 물방울 하나가 구강구조의 허술함을 틈타 입술과 입술 사이로 흘러내릴 때, 이미 방향감각을 잃는다. 쓸쓸한 곳은 어디나 비의 노래가 번지고, 비는 오후에도 졸음처럼 비스듬히 내린다. 졸음이 번진 빗줄기는 농담(濃淡)과 명암이 슬몃슬몃 발을 맞추는 춤사위, 홍에 겨운 붓끝이 희다. 별빛보다 영롱한 빗방울을 한 장의 허공에 뿌린다. 스미는 것과 스미지 않는 차이를 자폐증처럼 보듬고 적막 저편으로 건너간다. 엎드려 보아도 얼룩이 없는 박무의 바다, 잃어버린 비의 자음은 점자처럼 말문을 닫는다. 비의 문장은 음절의 고리에 뼈와 근육을 새긴 다음 우레처럼 찾아온다. 계절과 계절이 서로 번지고, 날씨와 날짜가 번진다. 번질수록 따뜻해지는 비의 감촉에 만개하는 빗소리, 정처(定處)가 없다.

은행나무 거리

선입견 없이
가을의 약속을 믿은 것은 잘한 일이었다
누가 이 누추한 거리에
폴란드 망명정부의 지폐*도 아닌 순금의 고리를
로터리에서 버스정류장 서너 구간까지 엮어놓겠는가
희망만을 조제한다는 희망약국 지나
혁신을 꿈꾸는 한복집과
늘 허방을 딛는 구둣가게의 점포정리세일
그만그만한 살림살이들
오늘은 무슨 축제라도 있는지
나무마다 막 점등을 마쳐서
황금빛 잎들이 고추씨처럼 흩어진다
횡단보도를 건너는 사람들도
하릴없이 먼 산만 바라보는 우체통도
씽씽 달려도 제 동네밖에 갈 곳이 없는
저 남미의 매콤한 치킨 집 오토바이도
멋모르고 뛰쳐나온 개들도
모두 에취! 에취!

재채기 끝에 코를 훌쩍이며 간다
다음 계절이 당도할 때까지만
은행나무에게 좁은 거리를 내어주는 것이다

---

*김광균의 「추일서정」에서 인용.

겨울나무 소견서

감나무 꼭대기에서 마지막 까치밥이 사라졌다
반은 콩새가 먹고 반은 승냥이가 물고 갔다
오백나한보다 많은 겨울나무들
맨몸의 시간보다 먼 길을 간다
어둠 닿는 곳까지 다녀온 연등 행렬은
구월 윤달에 불자들이 거둬갔다
곤줄박이가 앉았던 의자와
딱따구리가 두들기던 창문
그대로 열어둔 채
겨울눈[冬芽] 밝히고 간 자리는
바람의 군락지 되어
꽃처럼 피었다 질 것이다
산새들의 수다와 마른 장작처럼 가슴을 쪼개던
소쩍새의 울음을 기억하는 것은
나뭇결에 새겨진 햇살 무늬뿐이다
겨울 외에는 출입이 금지된
단호한 적막에 환해지는 겨울 산
아예 문을 닫은 산수유 식당과

손님이 뜸한 목련나무 민박집은
올겨울 유난히 뼈가 시린 겨울나무다

떠돌이별

생애 처음으로 허공을 달려와
조그만 운석처럼
가뿐하게 내려선 남의 땅
영어를 사투리처럼 쓰는 사람들은
물푸레나무나 느티나무를 닮았다
반구형의 천문대 지붕은
신들이 내려와 커피를 마시면서
TV를 보는 원형 탁자 같다
밤이 되면
지상은 또 한 채의 은하계
모스부호 같은 별빛에 눈이 어두워져
나는 대기권에 진입도 못하는 떠돌이별
멜빌과 마크 트웨인의 나라
부자와 거지가 성자처럼 사는 곳
어차피 어딘가를 헤매는 것은
내 유전자에 박힌 습성이니까
하루쯤 길을 잃고
망명 인사처럼 떠돌아도 괜찮다

아성층권 근처까지 갔다가
탈 없이 돌아온 새들도 있다

오월

내가 기억하는 고향의 봄은
파충류나 양서류가 미끄럽게
빠져나간 길 위에 있다

기차를 타고 버스를 타고
더 냉정하게 버리고 떠나던 날은
비행기를 탔다
하필이면 오월,
고향은 시였다 산문도 섞여 있었다

활주로 너머에서 고개를 빼들고
어린 손을 흔들던 연둣빛 이파리가
감잎이었는지, 그걸 외면한 채
이민 가방을 싸들고
태평양을 건너간 적이 있다
용케도 MAY,
하나님도 허락의 징표로
장미와 호밀꽃을 내어주신 달

눈을 감아도 보일 것은 다 보였다
갈피마다 초록물이 홍건한 시집도
다 읽을 수 있었다

쑥부쟁이

여기다 살림을 차렸구나

일월성신도 모르게

가을도 모르게

선암사 대각암 가는 길

구절초 몰래 핀 쑥부쟁이

자줏빛 아니었으면

그냥 지나칠 뻔했다

갈매기 생각

비 오는 날 어항단지 공터에서

갈매기 몇 마리가

어부들이 던져놓은 그물을 뒤진다

덩치 큰 갈매기가

운 좋게 멸치 한 마리를 통째로 물고 간다

다른 갈매기 몰래 바닷가로 달려간다

비바람 속을 끄떡없이 날아간다

새끼 갈매기 생각이 났나보다

낡은 풍경처럼

빛이 없어도 가난하고 쓸쓸한 날
나는 왕거미가 앉았던 벤치에 앉아
더 이상 외울 염불도 없는 스님처럼
체중보다 가벼운 나이를
몇 살이나 더 먹어버렸다
무위사 입구를 지키던 진돗개도 없고
절밥 냄새도 없고
무위(無爲)의 계절도 이 가을뿐이다

가을은 낡은 것보다
낡지 못한 것들이 더 쓸쓸하다
가장자리부터 서늘해진 풍경 소리
젖몸살의 기억을 잃은 구절초 잎사귀
다람쥐와 살쾡이의 털이
가랑잎 울음처럼 흩어져 있는 것은
가을이 은닉한 유일한 사유재산
명분 없는 채색이나 수식어가
함부로 발을 붙일 수가 없다

어슬렁거리는 적막이나 보태며
생각 없이 저물 수 있는 것도
가을이 내게 베푸는 자비다

바퀴 달린 동네

시는 되지 않고 제비꽃 설탕 절임*도 싱겁기 짝이 없는 날
동네 한 바퀴를 걷는 것은
소파에 앉아 지구를 네 바퀴 도는 것보다 실속 있는 일이다

임시 휴업 미용실은, 투 블록 컷 남자 머리 사진이 붙어 있다
스팀다리미처럼 피식 피식 웃는 버릇이 있는 세탁소 주인은,
원래 마도로스였다고 한다
컨테이너 박스 안을 종일 뱅뱅 도는 구두 수선공은
쳇바퀴 속 햄스터를 닮은 우리 동네 풍향계,
바람의 바퀴에 끼어 삐걱거리는 지시 바늘을 가지고 있다

내가 잘 모르는 교회를, 건물로만 보는 편견은 모서리가 많다
밤비에 개구리가 울던 시끄러운 풀밭을 지나면
겨울 별장 같은 장례식장,
바퀴를 달고 구르고 뛰어도 죽은 사람 걸음은 따라잡지 못하지
별 볼 일 없는 별자리 같은 종점에는
짐도 사람도 하루도 내려,
바퀴는 멈추고 기억은 재생한다

바퀴벌레와 바퀴 달린 냉장고와 바퀴 달린 그림책,
바퀴 의자와 바퀴 테이블이 있는 집에는
사은품 같은 바퀴의 심장박동이 기다리고 있다

---

* 에쿠니 가오리의 시집 제목.

금오도 편지

바다를 보면 그 섬에 가고 싶다
멀지도 가깝지도 않은 섬
갈매기 발자국이 선명한 항로 따라
눈감고도 찾아가는 카페리 타고
우편 행낭처럼
매일 한 번씩 다녀오고 싶다

금오도는 내 친구 경자가
우체국 소인만으로도 섬 소식이 빤한 텃밭에
별들이 쉬어가는 펜션을 열어놓고
멧돼지가 먹어치울 줄 뻔히 알면서도
씨알 좋은 감자를 심고
작년에 벌레가 먹어버린 고추농사를 겪고도
또 고추모종을 하는 소혹성이다

섬을 길들이며 섬사람이 되어 가는
내 친구 경자가 별빛보다 맑은 시를 쓰는 것은
은하계를 여행하는 어린 왕자처럼

금오도의 풀꽃과 햇살, 바람 소리에게
아직 할 말이 많기 때문이다

아이리스 꽃밭에서

미술대학을 간다는 딸애가
빈센트 반 고흐의 아이리스 꽃밭에서
꽃씨 한 줌을 얻어왔다

아이의 가슴속에서 쏟아져 내린 늦봄 햇살이
날개를 달고 캔버스 위로 날아올랐다
햇살 속으로 겁도 없이 뛰어드는 꽃씨를 따라
말갛게 떠오르던 꽃대
아이의 목덜미처럼 수줍은 꽃대가
바람의 물기를 삼키고 있었다

붓질보다 설레어
하염없이 피어나는 자색 꽃들
아이의 열여덟 살이
잔기침을 헤매며 걸어 나왔다

꽃잎에는 푸른 봄날이 깊어가고
나는 진종일 아이리스 꽃밭에서

딸의 사춘기를 찾아 헤맸다

총총히 걸어가는 딸애의 뒤를
미열이 가시지 않은 사춘(思春)이
제 유년까지 줄줄이 달고 가는 것을
봄이 다 가도록 나만 모르고 있었다

꽃눈

금오도 막개라는 곳은
사람은 없고 집터만 있다
바다도 무덤도 온종일 심심하다
오래된 동백나무 한 그루
터울도 없는 꽃눈을
허리가 휠 만큼 달고 있다
눈치 빠른 동박새가
사다리를 타고 나무 끝에 올라가
봄의 기지국을 세운다
사다리 옆구리에도 꽃눈
기지국 꼭대기에도 꽃눈이다
먼 데 것은 잘 들리는데
오후까지 아무도 지나가지 않아
나도 심심한 꽃눈이다
봄이 오지 않아도
봄을 의심하지 않는 것들은
다 꽃눈이다

고인돌 공원에서

아무도 내 잠을 방해하지 말라는
당부의 표시로 주검을 돌로 덮어 두었나보다
그 깊은 잠끼리도 오순도순
마을을 이루면 따뜻한 피가 돌아
아래뜸에서는 개망초가 꽃망울을 품어 올리고
오늘은 구절초꽃이 활짝 피어서
여름 들판이 온통 물빛으로 출렁인다
문득 적막을 견디지 못하는
매미들의 떼울음 소리
애먼 돌무덤을 쾅쾅 내리치는 것이
예사로운 일이 아닌데
통성명도 없는 낯선 사람들까지 몰려와
돌무덤의 내력을 샅샅이 들추어내며
편안한 잠을 자꾸 깨우려 든다
죽은 자의 당부를 잊은 채
그 판판한 돌을 깔고 앉아
금방 바스러질 햇살 같은 웃음을 머금고
기념사진을 열심히 찍어댄다

선소의 봄

아직 지킬 것이 많은 이 땅에
또 한 차례 황사 바람이 불어
거북선 대피소 굴강까지 왔다
격전지에서 입은 상처를 숨기기에
남쪽 바다에 이만한 곳이 없겠다
압류된 가구 같은 기와집 두 채는
병기를 수선해서 닦아 두던 곳
호국 벅수는 사공의 자식이어서
아비 대신 판옥선의 자취를 지킨다

시절은 선거철
출마를 서두르는 개나리 진달래
선거 벽보의 낯익은 얼굴들
대오를 갖춘 남해의 열도 같다
소호바다에는 돛과 돛대를
창칼처럼 치켜든 요트의 행렬
나는 호국 벅수에게 남쪽을 맡기고
황사가 오는 북쪽을 향해

알레르기 콧물을 닦으며 전진한다
이 봄을 유세하는 함성도 뒤를 따른다

풍차가 있는 풍경

보험회사 영업사원 그녀는
언제나 사막의 바람 냄새가 난다
횡단보도와 신호등이 없는 길과
좌우회전과 유턴을 반복하는 하루
전갈을 만나면 전갈이 되고
방울뱀을 만나면 방울뱀이 된다
살아있는 것들이 온통 적막, 아니면
독을 품고 있어서 더 단단해진 사막이다
그녀가 뿌리를 내린 것은
태양과 맞장을 뜨려는 것이 아니라
바람의 향방을 누구보다 빨리
잡아채기 위해서다
그녀의 판매 전략은
타인의 들숨과 날숨 사이를
빛의 속도로 드나드는 것
그녀는 사막을 경작하는 바람,
멈추지 않은 날갯짓을 가진 풍차다
모하비 사막에 가면

제 그림자의 키를 보탠 긴 다리를 가진 풍차가
매일 부활하는 사구(砂丘)를
쉬지 않고 올라가는 풍경이 있다

풀꽃 세상

서로 번져야 사는 세상

휘파람도 곰팡이도 초록이다

초록의 영토가 넓어지는 지금은

6월도 7월도 아닌 풀꽃의 계절이다

아무 데서나 손가락으로 행복을 집어서

호주머니에 담아오던 날도

나는 재채기처럼 몇십 억 광년을

작은 풀꽃으로 살았다

아픈 데도 없이 살았다

해설

세계를 구축(構築)하는 명징(明澄)한 울림

백인덕 시인

1.

서정시의 본질, 또는 근본 원리는 몇 개의 정의를 통해 정리해 볼 수 있다. 독일의 시학자 에밀 슈타이거가 「시학의 근본 개념」에서 제시한 바에 따르면, 서정시는 정조(情調)의 표출로 이루어진다. 그런데 이 정조는 근원을 명료하게 파악할 수 없는 이른바 영혼의 깊이 속에 기반을 두고 있다. 그것은 뚜렷한 윤곽이나 형체를 지니고 나타나는 것이 아니라 언제나 이름 시을 수 없는 색채와 향훈(香薰)으로 존재한다. 또한 서정시는 개인에게만 내재된 고유한 개성적인 세계이다. 이 말은 서정시야말로 가장 주관적이며 개인적이며 일회적인 것으로 이전에는 단 한 번도 존재한 적이 없는 새로운 정조를 열어 보인다는 것이다. 따라서 서성시는 무목적이며 고독한 세계이다. 그 정조는 자신만의 외로운 시간 속에

깃든 고요함 속에서 순간적으로 피어오르기 때문이다. 이런 정조는 아주 각별한 순간, 타인의 내면세계와 겹쳐지며 그로 하여금 황홀한 감흥 속에서 마음이 열리는 기쁨을 느끼게 한다. 그래서 서정시는 '회감(回感)' 곧 융화의 상태를 지향한다. 서정시에서 모든 존재는 융화된 상태로 존재한다. 이런 순간 시인의 굳건한 자아의식과 이성에 바탕을 둔 정신성은 소멸된다. 만약 그런 의식을 바탕으로 대상을 논증하고 판단하고 이해하고자 할 때 서정시의 정조는 사라지고 세계는 대상화되고 만다.

엄정숙 시인의 시집 『갈매기 학습법』은 전술한 서정시의 근본 원리에 최대한 충실한 시적 태도로 창작되었다고 할 수 있다. 일반적으로 자아와 세계가 맺게 되는 관계 방식은 대개 세 가지 형태로 구분할 수 있는데, 하나는 자아가 세계를 포섭하는 경우로 이때는 거대한 고독과 같은 비극성을 띠게 된다. 다른 하나는 자아가 세계에 함몰하는 경우로 현실성이 강요되면서 자아는 추악한 양상을 드러내게 된다. 끝으로 자아와 세계가 '동일성의 원칙'을 지향하면서 길항(拮抗)하는 경우로 서정의 근본 원리인 '동화와 투사'가 활발하게 이루어지게 된다. 『갈매기 학습법』은 세 번째 방식이 각 개별 작품의 작동 원리로 자연스럽게 사용되고 있다. 또한 언어의 의미 형성의 토대로써의 '어휘'가 아니라 사용된 시어들이 정서를 빚어내는 계기로 작동하는 '어조(語調)'로서 독특한 시적 태도와 분위기를 형성한다는 특징을 드러낸다.

바다를 펼치다가 손을 베인다. 어제 베인 데를 오늘 또 베인다. 상처는 졸다가 놓친 한 줄 비문(秘文)이다. '바다를 썰어 드립니다'는 숙자상회 간판에 추가로 붙은 로고다. 자투리 천에 쓴 글씨는 비가 오면 잘려나간 바다처럼 구겨진다. 그런 날은 뽕짝과 화투를 펼쳐 불쾌지수의 비늘을 걷어낸다. 주문받지 않은 회를 뜬다. 화투 아이콘이 일러준 오늘의 운세에 따라 도다리와 광어를 판가름한다. 시간마다 바뀌는 운세의 빛깔은 휴대용 티슈처럼 추억을 닮아 간다. 레깅스 바지보다 빡빡한 하루, 라면을 끓이거나 감자 칩을 씹으며 바다를 읽는다. 처음 대면한 바다는 수직이어서 지문을 스캔할 때마다 쓸데없는 바람이 불었다. 바다는 그녀가 정독한 단 한 권의 책, 결국 바다의 책사(策士)가 되었다. 그녀는 바다를 얇게 썰어 파도가 씹히지 않게 하는 일을 좋아하고, 무게를 따지는 사람들은 바다의 첫 페이지에서 길을 잃은 적이 있다. 한밤중, 그녀는 거래 장부를 펼쳐 숫자 대신 제문을 적는다. 아직 펼쳐보지 못한 야생구역의 물때썰때와 수평선을 자르지 않는 고집 센 감성은 줄돔 무늬 표시를 한다. 그녀의 책갈피는 늘 젖어 있어 펼칠 때마다 간간한 해조음이 입안에 철썩 달라붙는다. 그녀는 계절도 없이 산란하는 바다다.

—「여자를 펼치다」 전문

위 작품에는 엄성숙 시인의 시삭(詩作) 특징이 잘 드러나 있다. "바다를 펼치다가 손을 베인다"는 것은 아마도 회를 뜨다가 손을 베인다는 의미일 텐데 '횟감'을 '바다'로 제유한 것은 자아와 대상을 최대한 가깝게 밀착하려는 은유적 수사 전략이다. 또한 '뜬다'가 아니라 '펼친다'라는 동사를 사용함으로써 뒤이은 '한 줄 비문(秘文)'을 유추해내고, 이는 나아가 "바다는 그녀가 정독한 단 한 권의 책, 결국 바다의 책사(策士)가 되었다"라는 구절과 "그녀의 책갈피는 늘 젖어 있어 펼칠 때마다 간간한 해조음이 입안에 철썩 달라붙는다"라는 부분으로 자연스럽게 연결된다. 이 자연스러운 연상의 흐름은 시인의 수사적 훈련의 강도를 증명하는 것이지만 굳이 해석을 보태자면, 시인이 표출하는 서정의 힘의 강렬도라 해도 무방할 것이다. 이 작품에서 무엇보다도 주목하게 되는 지점은 "그녀는 계절도 없이 산란하는 바다다"에서 '산란'이라는 시어의 중의성인데, '산란하다'는 축자적으로는 '흩어지다'와 '알을 낳다'의 두 가지 의미를 갖는다. 이를 시의 제목인 '여자를 펼치다'와 연관하여 생각해보면, 표면에 드러난 여자의 행위('바다를 썰어 드립니다'로 대표되는)와 이면에서 출렁이는 의도('책갈피는 늘 젖어 있어'로 응축하는)가 전략적으로 혼재되어 있음을 알 수 있다. 즉 '산란'이라는 하나의 시어가 이 작품 전체를 집약한다고 할 수 있다.

2.

엄정숙 시인은 자아를 전면에 내세우지 않고 시인이 융합하고자 하는 대상과 사태 속에 내밀하게 밀어 넣음으로써 경직화된,

한마디로 진부하고 식상해져버린 현상을 새로운 사건으로 전환한다. 이는 정서적 울림에서 비롯하지만 거기서 멈추지 않고 인식적 태도의 수정을 요구하는 데까지 나아가 읽는 이로 하여금 서정의 힘을 재확인하게 한다.

벼르던 끝에
봄의 허락을 얻어 사설우체국을 냈다
그동안 너무 고마웠다고
그동안 너무 미안했다고
함께 울지 못했다고
편지나 전화를 하지 못한 마음 대신
꽃씨우체국을 열었다
햇볕은 소인을 찍느라 바쁘고
봄바람은 집배원을 자청해서
우편 행낭을 메고 갔다
가끔 가랑비가 가랑가랑 거들다 갔다
질펀한 봄날, 나비 한 마리가
눈물자국에 발신인 이름이 지워진
소식 한 장을 들고
꽃씨우체국을 찾아왔다
팽목항에서 보낸 편지 같다
직성(直星)이 풀리지 않은 파도 소리도
동봉해서 보냈다

—「꽃씨우체국」 전문

인용 작품의 전반부는 봄의 애틋한 정서가 '꽃씨우체국'이라는 시어를 중심으로 '편지', '전화', '소인', '집배원', '우편 행낭' 같은 동일 계열의 고른 결(무늬)로 확장하면서 자아와 세계의 평화로운 조화로 뻗어나간다. 하지만 '나비'가 "눈물자국에 발신인 이름이 지워진/소식 한 장"을 들고 찾아오는 순간, 조화롭게 질펀하게 무르익은 봄 홍취가 산산조각 나고 만다. '팽목항'이라는 직접 지시어가 등장하지만 시인은 현실의 사건에 대해서는 일언반구도 없다. 그가 취한 시적 포즈는 "직성(直星)이 풀리지 않은 파도소리"까지 함께 '꽃씨우체국'으로 날아왔다는 것 정도이다. 어찌 보면 이 태연자약(泰然自若)이야말로 사건의 비극성을 제대로 환기한다. 분노, 절망, 회한과 같은 일차적 감정이 아니라 '직성(直星)'이란 중심 어휘를 애써 찾아내고자 했던 인식적 수고의 결실이기 때문이다. 따라서 시인이 '사설우체국'을 개설한 이유가 되레 궁금해진다. 그것은 "그동안 너무 고마웠다고/그동안 너무 미안했다고/함께 울지 못했다고" 마음을 전하고 싶었던 것인데, 이 수신인이 우리의 아이들로 유추되는 찰나 시는 봄의 애틋한 정서와는 별개의 무엇이 된다.

서정시는 회감 곧 융합의 상태를 지향한다고 했다. 이때 우리가 융합의 의미를 생각해볼 필요가 있다. 물리적 현상으로서의 융합이 아니라 미학적인 융합은 '사이', '틈', '차이' 등에 대한 인식에서 비롯한다. 다시 말해 서정 시인의 특질을 규정했던 개인성, 주관성, 고백, 무목적성 등이 어떻게 공감과 보편성에 가닿을 수 있는가 하는 문제가 된다는 것이다.

> 여기와 저기의 경계가 없는 햇볕공작소는
> 열쇠와 문짝과 울타리를 만들지 않는다
> 마음을 걸어 잠그는 질료는
> 모자이크 처리를 해도 뒤틀리는 성질이 있다
>
> —「햇볕공작소」 부분

엄정숙 시인은 이에 대해 나름의 단호한 원칙을 세운 것 같다. 그가 연 '햇볕공작소'에는 '경계'가 없다. 그러므로 아무리 그럴듯하게 보여도 "열쇠와 문짝과 울타리를 만들지 않는다"는 것이다. 어쩌면, "햇볕공작소에는 하회탈처럼/이유 없이 웃는 얼굴을 한 외국인 노동자도 있다"는 것은 시적 유머일지도 모르고, 시인의 원칙이 분명한 것만은 분명하다.

시인은 자신이 설정한 원칙을 구체적으로 형상화하기 위해 두 가지 방식을 구현 전략으로 설정한 것으로 보인다. 하나는 학습하는 것이고, 다른 하나는 체득(體得)하는 것이다. 물론 이 두 가지 방식은 상보적으로 작용한다.

> 할 수 없이 나는 바다에 갇혀
> 하루 종일 바다와 함께 지낸다

(중략)

만신창이가 된 몸뚱이, 어머니처럼
제가 품고 사는 것들 하나도
다치지 않게 하는 바다는
아무리 바쁜 날에도
하루 두 번씩 집을 비우며
내게 마음 비우며 사는 법을
말없이 가르친다

—「바닷가의 집」 부분

먼저 '체득'의 경우를 살펴보면, '할 수 없이 나는'처럼 우연이거나 기억의 저장물이라는 특징을 드러낸다. 시인은 "살아본 몸이 빈집의 내력이다/혼자 밥을 먹고 혼자 저무는 집/반복의 기침 반복의 아침과 저녁/허구의 나무로 서 있는 내일은 집 밖의 날짜여서/다가가면 뒤로 물러서는 버릇이 있다"(「빈집의 습관」)고 고백한다. '살아본 몸'이 바로 그 '내력'이라는 것이다. 또한 「폐가」에서는 "유령이 사는 집이라면/권태의 빛깔이 저리 맑지는 않을 것이다"라고 한다. 내일이 늘 뒤에 있다는 것은 삶이 주는 지혜다. 그것은 비극적일 수도 희망적일 수도 있다. 시인은 "우리 이모가 후실로 살다 죽은 집"을 기억한다. 그리고 그 집의 엄정한 절망, "쪽잠에도 식은땀이 흐르던 날/마파람이 실어온 아들의 부음에/모시조개처럼 입을 다물어 버린" 사태를 최소한 귀동냥으로라도 들어

추체험했을 것이다. 기억에 의한 체득은 이처럼, '모시조개처럼' 입을 꾹 다물라고 다그쳤을지도 모를 일이다. '집'이 거주의 공간. 즉 무언가를 구성하고 유지하고 꿈을 꾸는 공간이라는 점에 비추어본다면 시인의 체득은 그 자체로 비극성을 함의한다. 시인은 그래서 '바다'를 보게 되는데 그것이 우연에 의해 도래한 것일지라도 "하루 두 번씩 집을 비우며/내게 마음 비우며 사는 법"을 가르치고 있기 때문이다.

반면에 학습은 시적 자아가 세계를 향해 일종의 촉수를 대고 정조를 교환하는 방식으로 늘 열려 있는 상태를 지향하는 방향으로 형상화된다.

> 갈매기의 이름을 바닷가에 쓴다
> 호명하는 대로 일어서면
> 바다를 지키는 솟대 같다
> 종일 바다를 필사하고
> 발목이 닳도록 시를 쓴다
> 오늘은 그리스인 조르바를 읽고
> 먹지도 않고 스텝을 밟는다
> 앞으로도 뒤로도 갈 줄 아는 것은
> 손자의 병서를 먼저 읽어서다
> 꾸륵꾸륵 사람 꾸짖는 소리를 내는 것도
> 하루아침에 닦은 도가 아니다
> 캄캄하게 저물 일만 남은 나는

갈매기 앉은 자리에 앉아
미역귀보다 질긴 적막이나 던져준다
지뢰를 밟은 듯 갈매기 몇 마리가
허공 속으로 사라진다
멀리 보는 법을 익히는 갈매기를
나는 오래전에 어디서 읽은 적이 있다

—「갈매기 학습법」 전문

주지의 사실이지만, 학습은 '쓴다', '읽는다', '필사한다', '배운다', '전사한다' 등등의 어휘로 제유적으로 표현될 수 있다. 시인은 "갈매기의 이름을 바닷가에 쓴다/호명하는 대로 일어서면"이라고 한다. 이름은 존재의 표명이다. 무정형의 날것에다 이름을 붙이는 행위는 사건의 주체로서 내 영역 안으로 초대하는 일종의 존재적 사건을 불러온다. 호명—응답이야말로 현존재를 보증하는 제1의 원리이기 때문이다. 갈매기들이 일어서 '솟대'가 된다. 시인은 "발목이 닳도록 시를 쓴다"고 한다. 배우면서 가르치고, 필사하면서 쓴다. 시인이 학습에서 기대하는 효과는 그런 것 같다. 갈매기에서 연상된 리처드 버크의 『갈매기의 꿈』을 기억에서 꺼내는 것은 그리 낯설지 않다. 시인은 학습하는 자아를 때로는 일상화시켜 버린다. "라면을 먹으며 연속극을 본다/타인의 생을 훔친 이야기가 더 재미있다/나는 더 이상 재미있는 삶이 재미가 없어/마감뉴스 같은 시들한 시를 써본다/거울 속에서 나 또래의 낯선 아이가/그 시를 왼손으로 받아 적는"(「자화상」) 나를 발견한다.

3.

새롭게 발견된 '나'는 기억을 전사하거나, 희망을 필사하는 '나'가 아니다. 시인으로서의 자기 정위(定位)는 어려운 만큼 값지다고 할 수 있다. 엄정숙 시인은 학습과 체득이 시로 융합되어 보여줄 수 있는 한 경지를 형상화한다.

> 계단보다 가파른 터울로
> 계단식 논을 경작하다 계단식 공원묘지로 간
> 두부장수 할아버지 오체투지의 자취를
> 나는 너무 늦게 와서 알아본다
>
> 계단은 위로 가는 길이 아니라
> 단을 세워 위를 받드는
> 돌로 쓴 제문
> 오래된 문장을 오래 읽는다
> 오래된 벽에 헌옷을 걸듯
> 고개를 젖히고 계단의 정상을 올려다본다
>
> 옛집 찾다 다다른 오래된 저녁이
> 우주의 사다리처럼 걸려 있다
>
> ─「오래된 계단」 부분

이 작품에서 시인은 "오래된 문장을 오래 읽는다"라고 했지만,

더불어 "나는 너무 늦게 와서 알아본다"고 했지만, '두부장수 할아버지'가 남긴 '오체투지' 흔적을 반추할 수 있는 그 시적 태도가 '우주의 사다리'가 걸려 있는 저녁이라도 늦을 것이 없다는 시인의 시적 인식을 대신한다. 시의 공간이란 거기에서는 "딸의 사춘기를 찾아 헤매는"(「아이리스 꽃밭에서」) 나와 "아무도 없는 저녁이 무서워/어린 나는 막내 동생을 업고/동네 어귀 돌벅수 곁에서/큰집 제사에 간 어머니를 기다"(「옛집 소묘」)리던 내가 동시에 현현(顯現)할 수 있다. 그때 시인은 "오래된 벽에 헌옷을 걸듯/고개를 젖히고 계단을 정상을 올려다"볼 수 있을 것이다. 이미 획득한 서정의 힘으로 무던히 걸어갈 때, "거울 속에서 나 또래의 낯선 아이가/그 시를 왼손으로 받아 적는"는 일은 엄정숙 시인의 기쁨이며 절망으로 '물때설 때'(「여자를 펼치다」)처럼 되풀이될 것이다.

이 도서의 국립중앙도서관 출판시도서목록(CIP)은 서지정보유통지원시스템 홈페이지(http://seoji.nl.go.kr)와 국가자료공동목록시스템(http://www.nl.go.kr/kolisnet)에서 이용하실 수 있습니다.(CIP제어번호: CIP2016028876)

문학의전당 시인선 240

갈매기 학습법

초판 1쇄 인쇄 2016년 11월 29일
초판 1쇄 발행 2016년 12월 4일
지은이 엄정숙
펴낸이 고영
책임편집 류미야
디자인 헤이존
펴낸곳 문학의전당
출판등록 제311-2012-000043호
주소 서울시 마포구 마포대로 11길 91, 3층
전화 02-852-1977 팩스 02-852-1978
전자우편 sbpoem@naver.com

ISBN 979-11-5896-291-3 03810